ゆうゆうパパの子育て川柳

クリニック　院長
岡　宏

まえがき

高度経済成長を終えた今の日本は、どの年齢層の人にとっても、暮らしにくい世の中になっています。とくに子育てを担う若年層のお母さんお父さんにとって、現代はいちばん育児が難しい時代といえるのではないでしょうか。

私の親の世代まではまだ子だくさんで、大家族が一般的でした。年長の子どもが年少の子どもの面倒を見るのはあたりまえで、親が育児に困ったときに相談する相手はどこにでもいたのです。ところが、市民が「一億総中流」をめざすにつれて核家族化や少子化が進み、親は少数の子どもに多くの時間を費やすようになりました。その結果、社会現象として幼少期からの学力競争が激しくなり、「お受験」という流行語も生まれました。反面、育児ノイローゼが増加し、今も虐待による惨事があとを絶ちません。

そんな時代に、本書が子育ての魅力を再発見するきっかけになれば幸いです。還暦を機に、雑詠の中から厳選?100句をまとめました。それぞれに当時の解説を付けて、エッセイ風にしてみました。父親の目から見た子育てという点では、お母さんの詠む川柳とは異なる趣になっていると思います。是非、お父さん方もご一読ください。(解説中敬称略)

※20年以上前の内容なので、時代錯誤、あるいは、不適切な表現が含まれているかもしれませんが、ご容赦ください。

岡　宏

誰にでも　笑顔ふりまき　抱っこされ

アイドル

赤ん坊というのは、じつに特殊な生き物です。天真爛漫《てんしんらんまん》で、純真無垢《じゅんしんむく》で、ひと言では形容しがたい癒やし系的存在です。笑っているだけでかわいい。誰にも愛され、誰もが抱きたくなる。仕事から疲れて帰ってきても、乳児《こども》の笑顔を見るだけで疲れがふきとびます。妻の日中の苦労話には耳もかさず、乳児《こども》の機嫌のいいときにだけ遊び相手をしたり、入浴させたり。おっと、それは無責任だという非難の声が聞こえてきそうですが……。

一挙手一投足に一喜一憂し、まさに「這《は》えば立て立てば歩めの親心」そのものです。

「女は愛敬《あいきょう》、男は度胸」といいますが、赤ん坊も愛敬《あいきょう》だと思います。けっして容姿ではありません。いや、ぜったいに愛敬《あいきょう》です。プチ整形ばやりの昨今、容姿をとりつくろうには限界がありますが、笑顔に限界はありません。だから、乳児《こども》の笑顔に癒やされなくなったら要注意ですよ。

笑ってる　顔だけでなく　全身で

全身運動

乳児《こども》が「笑う」という場合、どんな笑いを想像しますか。わたしはたんなる〝にっこり〟ではなく、声をたて手足をばたつかせるような、はげしい笑いを思いうかべます。乳児《こども》の笑いは、おもしろおかしいというよりも、楽しくてうれしいけれど、言葉を発することができないための代替表現です。乳児《こども》にとって笑うことは全身運動であり、おとなの日常生活動作（歩行、食事、排泄《はいせつ》、入浴など）とおなじくらい重要な意味があります。

ところで、乳児《こども》をあやすときに「いないいないばあ」をしますが、これは「ばあ」をしたときに、乳児《こども》が予測期待している相手の顔が、ふたたびそこにあらわれるのが楽しくて笑うのだそうです。また、「いないいない」と手で顔をかくしているときの〝間〟も反応に関係があります。いちど乳児《こども》を相手に、いちばん喜ぶ〝間〟というものをみつけてみてはどうでしょうか。

泣く児《こ》には　お乳にまさる　ものはなし

最大の武器

乳児《こども》はいつでもどこでもとつぜん泣きだします。まわりに他人《ひと》がいると、とうぜん親は気をつかいます。こんなとき、あやす方法はひとつしかありません。そうです、お乳です。泣いている原因がなんであれ、とにかく乳首をふくませてみましょう。母乳の場合、屋外では多少困難をともないますが、たいていはこれで解決します。いや、解決すると思います。たぶん解決するでしょう。解決するんじゃないかな……。

ところで、赤ん坊の泣き声は、いったいどのくらいの大きさなのでしょう。たとえば日常会話がおよそ60dB《デシベル》、救急車のサイレンが80dB、地下鉄の構内が100dB、飛行機のエンジンが120dB。明確な数値はわかりませんが、90dB以上の音を長時間聞いていると難聴になるらしいので、もし乳児《こども》が一日中泣きつづけたとしたら、世の中の親はみんな難聴になるかもしれませんね。

父と母乳《ちち》　おなじ「ちち」でも　母乳《ちち》の勝ち

父弱し！

父親の無力さを痛感する勝負です。わたしが機嫌の悪い乳児《こども》をいくらあやしても泣きやまず、徒労におわることがよくあります。おむつ交換で解決する場合もありますが、それ以外はたいてい授乳です。乳児《こども》の空腹時に、父親は役にたちませんよね。母乳を冷凍しておく方法もあるようですが、粉ミルクでも飲んでくれればたすかるのに……。

ところで、女性が「乳がん」にかかるのは周知の事実ですが、男性もかかることがあるのをご存じですか。じつは、患者の１％は男性なんです。女性における危険因子はいろいろありますが、男性における危険因子はあきらかではありません。だから、もしお父さんの胸に〝しこり〟ができたら、見すごさずはやめに外科で受診してください。なお、女性の場合20代でもまれに発症しますが、少なくとも40歳をすぎれば、「子宮がん」もふくめかならず検診をうけましょう。

母親の　出腹を乳房《ちち》と　勘ちがい

乳児《こども》に罪なし

たしかに結婚してから妻は太りました。何段腹になったか、さだかではありませんが……。ある日、息子にいつものように母乳をあたえようとしたところ、あろうことか、乳児《こども》は乳房の下にある出腹にすいついたのです。乳首がないのに、器用というかなんというか。これには、さすがの妻も笑いころげていました。わたしもおもわず乳児《こども》に、「それはあまりにもひどすぎる」と注意してしまいました。

ところで、どうして女性は結婚すると太るのでしょう。男性の場合は、あきらかに食生活が豊かになるからですが、女性の場合は、美の追求をあきらめるからでしょうか。育児にいそがしいので、容姿に無頓着になるのはわかりますが、食べ物にもあんがい無頓着なようです。「ストレスを発散するには食べるしかない！」と言いながら、いままさにお菓子を口にはこんでいるあなた、そのひと口が命とりになりますよ。

横たわる　トドの乳房《ちち》吸う　豚児かな

人間も所詮は動物

まさに写実そのものです。トドと豚の組みあわせに多少無理はありますが……。トドとは北太平洋の寒地にすむアシカ科最大の海獣（怪獣ではありません）で、豚児とはここでは乳児《こども》の謙称ではなく、文字どおり子豚のようにまるまると太った乳児のことであります。母親が寝ながら乳児《こども》に母乳をあたえている。たんに横着なだけなのか、はたまた疲れきっているのか……。理由はともかく、父親である男の目から見ると、その光景は悠然としていて、いかにも動物的で、ある意味、生命の偉大さを感じるといえば大げさでしょうか。いっけん滑稽なようですが、よくよく考えると奥がふかそうです。

ところで、某芸人の「友人と風呂に入ればトドの群」「贅沢《ぜいたく》をしてもないのに贅肉《ぜいにく》が」などというのを聞いても、それを一笑に付すことができるようになるまでには、世のご婦人方は、いったいどれくらい人生の荒波を乗りこえてこられたのでしょうか。

食っては寝　寝ては糞《くそ》する　自由人

なにものにも縛られず

人間の発達段階における「乳幼児」というのは、他の哺乳類の子どもとどこがちがうのでしょうか。食べることと寝ることが仕事で、泣く（鳴く）のも排泄《はいせつ》も時と場所をえらばないという点では、大差なさそうですが……。

著名な教育学者モンテッソーリは、幼児期というのは、身体的および精神的発達において、人生のなかでもっとも成長がいちじるしい時期であると指摘しています。ただし、このいちじるしい発達が成就するためには、〝自由〟が保障されていなければなりません。ここでいう〝自由〟とは放任ではなく、自分のしたいことならなんでも、いつでも、どこでもできるという意味です。すなわち、親は環境をととのえ、幼児《こども》の自由な活動をさまたげてはならないのです。やはり同年代の著名な思想家で人智学《じんちがく》の創始者シュタイナーも、「自由への教育」という言葉をもちいています。

幼児《おさなご》が　声たて笑う　どんな夢

夢占い

幼児が笑うのはあたりまえですが、寝ているときも声をたてて笑うのにはおどろきました。よほど楽しい夢をみているにちがいありませんが、片言の幼児にその内容をたしかめるすべもありません。おとなも夢をみて笑うことがあるのでしょうか。

ところで、みなさんは「夢占い」を信じますか。夢をおぼえている人いない人、夢がカラーの人白黒の人。いろんなパターンがありますが、精神学者のフロイトは「夢とは過去にみたされなかった願望が形をかえて出現したもの」、また、ユングは「夢とは現在かかえている心理的問題をあらわすもの」と考えました。両者に定義のちがいはあるものの、どちらも夢が潜在意識から生じるという点は共通しています。ただ、夢を分析するのはむずかしいようで、ある対象物や事がらだけをとりあげて解釈するのではなく、夢のなかにでてきた物や人や行動や場面、すべてを総合的に判断する必要があります。

夜泣きして　満月見ゆる　父子《おやこ》かな

お月見

母親が育児ノイローゼになる原因のひとつに、夜泣きや授乳による不眠があります。息子はよく夜泣きをするので、妻は睡眠不足でそうとうつらそうです。それでもわたしに気をつかって、別の部屋で寝るように言ってくれますが、わたしは乳児《こども》の泣き声をあまり苦痛に感じません。だから、疲れて寝ている妻にかわって、泣く児《こ》を抱いてあやします。月がきれいな夜にはベランダに出て、「あれがお月さまだよ」とかたりかけたりもします。泣きやまないと近所迷惑になりますが、これがいがいに功を奏することが多いんです。

ところで、生活に密着した題材が多い俳人中村汀女《なかむらていじょ》の句に「外《と》にも出よ触るるばかりに春の月」というのがあります。あまりにも月があかるく大きく見えるので、お母さんが子どもに「外に出てきて見てごらん」と言うのです。子育てにいそがしいお母さんみんなが、こういう心の余裕をもてればいいですね。

ほっぺにチュ　顔を吸うなと　いやがられ

スキンシップ

親なら誰しも子どもの頬にキスをすることがあると思います。食べてしまいたいくらいかわいいという表現がありますが、わたしのキスは「チュッ」というよりも、「チュー」という感じです。妻がするキスにくらべて吸引?が強いからなのか、それとも、父親にキスされることじたいが不快なのか、いつもいやな顔をされます。それでも、やめるつもりはありませんが、わたしのスキンシップの方法はまちがっているのでしょうか。

ところで、オーストラリアの鬼ごっこをご存じですか。「キャッチアンドキス」といい、鬼役の男の子がつかまえた女の子にキスをし、今度はそのつかまった女の子が鬼となり、またつかまえた男の子にキスをするということを交互にくりかえす遊びです。誰がいちばん人気があるのか、誰が誰のことを好きなのかを知ることができるという、たんなる遊びをこえた社会的な意味もあるようです。

陣痛で　うなる隣で　爆睡す

一生の恨み

初産《ういざん》では、自然分娩をこころみましたが成功せず、けっきょく帝王切開で出産しました。出産をひかえ、わたしは病室に泊まりこみましたが、妻が陣痛でうなっている横で、高いびきをかいて熟睡してしまいました（これを俗に「爆睡」という）。ふつうの夫？であれば、妻のおなかや腰をさすったり、やさしい言葉をかけたりと、かいがいしく看病するらしいので、わたしはふつうの夫ではなかったようです。出産の話になると、かならずわたしへの恨みつらみがでてきます。世の中のお父さん方！　出産のときには奥さんをいたわりつくし、くれぐれも恨みをかうことのないようご注意ください。

ところで、男と女、生物学的に〝痛み〟にたいして強いのはどちらでしょう。とうぜん女性です。陣痛にたえうるのは女性だけであって、もし男性が同様の痛みを経験すれば、気を失ってしまうといいます。

育児書を　実践するのも　ほどほどに

頭でっかち

ちまたには、かぞえきれないほどの育児書があります。いぜんからモンテッソーリやシュタイナーなどの専門的な教育書はありましたが、最近は具体的な子育て本がベストセラーになったりします。それだけ、現代の子育てがむずかしくなっているということなんでしょうね。昔は子どもの数が多かったため、すべての子どもに親の目がいきとどかなかった。また、現在のように便利な世の中ではなく、親が子どもにかかわれる時間も少なかった。いわば昔の子どもは〝ほったらかし〟でした。かつて「コインロッカー・ベイビー」というのが社会問題になりましたが、いまは捨て児《ご》よりも虐待が問題になっています。核家族化がすすみ、悩みを相談したり、子育てを指南してくれる人が身近にいません。そこで、育児書の登場となるわけですが、本を参考にするのもほどほどにしないと、自分や子どもを型にはめようとして、がんじがらめになってしまいます。

寝ていても　布団の上で　運動会

寝相

娘が小学生になるまでは、家族4人みんなでいっしょに寝ることにしています。しかし、子どもというのは、どうしてこうも寝相が悪いのでしょう。夫婦で子どもをはさむようにして（俗にいう「川の字」）寝ても、寝相の改善にはまったく効果がありません。左右はある程度防御できますが、上下は完全に無防備です。頭と足がさかさまになるのはあたりまえ、気がつくと畳の上で寝ていたりします。ときにはわたしたちを乗りこえたり、敷布団の下にもぐりこんだり、まるで障害物競技のようです。

そこで、ひとつ判明したことがあります。寝相の善《よ》し悪《あ》しは、性別や年齢に関係ないという事実です。一般的に女の子の方が男の子よりも寝相がよさそうに思えますが、かならずしもそうとはかぎりません。娘も息子もけっしておとなしい方ではないので、やはり寝相にも性格があらわれるのでしょうか。

※悪い寝相は、矯正しない方がいいという専門家もいます。

寝ぼけても　母父区別　まちがわず

刷りこみ

幼児期の子どもは、はじめ妻の横に寝ていても、寝相が悪いのでだんだんはなれていきます。しかし、夜中に目をさました子どもは、寝ぼけ眼でもめざす方向をまちがえません。母親のもとへまっしぐら。けっしてわたしのところへは来ません。まさしく〝刷りこみ〟（生まれた動物の子どもが最初に接した動物を親と認識し、以後それに依存した行動をとること）の成果といったところでしょうか。

ところで、刷りこみといえば、半世紀以上前インドで狼《おおかみ》に育てられたとされるふたりの少女の話をご存じですか。少女たちは発見されたとき、とうぜん言葉は話せず、四つんばいで歩いていたといいます。いまとなっては、ほんとうに狼《おおかみ》に育てられていたのかはなはだ疑わしいそうですが、人間の基本的能力である直立二足歩行も、会話の手段としての言葉も、けっして自然に習得できるものではないことはたしかなようです。

雪でなく　ティッシュが積もる　家のなか

いたずら

「家のなかライスシャワーがなぜに降る」

家にある物は、なんでも子どもの〝おもちゃ〟になります。たとえば箱からティッシュ、米びつから米。なにかをつぎつぎとりだすという行為が楽しいのでしょうね。ティッシュにしても米粒にしても、あと片づけがたいへんです。

ところで、モンテッソーリ教育には、なにかに強い興味をもち、集中して何度もおなじことをする「敏感期」という定義があります。「静けさ」「繰り返し」「喜び」この3つがそのサインになるのですが、静かに〝いたずら〟にふけっている子どもの脳は、いままさに急速に発達している状態なので、やめさせるのは教育上よくないのかもしれません。

ちなみに、「ライスシャワー」には、新婚夫婦にとって今後の生活が実りあるものになり、かつ子宝にも恵まれるようにという願いがこめられています。

育児中　職業欄に　「親」と書き

立派な仕事

「育児とは無給・無休の仕事なり」

乳幼児を育てるのは、立派なひとつの仕事です。それが、親になれば誰にでもあたえられます。しかし、給料も休日もありません。家事労働を賃金に換算すると、年俸300万円になるという試算がありますが、これに育児が加わるといくら増額するでしょう。いずれにしても、子育てをすべて他人まかせにするわけにはいきません。世の中にはいろんな職業がありますが、子育てより社会的価値のある仕事はないと思います。

ところで、『親業』という言葉をご存じですか。アメリカの臨床心理学者トマス・ゴードンが提唱した概念で、親には親としての役割を効果的にはたすための訓練が必要であると考えます。いままでの子育てが子ども側に重点が置かれていたのにたいし、親業では親の側に重点が置かれます。

子ども服　帰省するたび　ふやす知恵

衣装もち

出産祝いにたくさんの衣類をいただきますが、いくら多くてもこまることはありません。子どもはすぐに汗をかくし、乳やよだれや便でよごれることも多く、予想以上に更衣が必要になります。頻回に洗濯をすればよさそうなものですが、育児におわれているとそれもたいへんです。(ちなみに、プレゼントは男女兼用がおすすめ)

しかし、子どもが成長するにつれて、じょじょに服がへってきます。とうぜんいただき物が少なくなるからですが、そこで、実家の登場です。帰省したとき、それとなく子どもの服の話をします。着ている服が小さくなってきたとか、流行の服の話でもいいかもしれません。たまにはおばあちゃん、おじいちゃんといっしょに買い物にでかけましょう。

〝目に入れても痛くない〟孫には、金銭に糸目をつけないのが祖父母というもの。毎回成功するとはかぎりませんが、こうしてあたらしい服を手にいれることができるのです。

子に買った　ピアノで親が　練習し

夢はファミリーコンサート

娘の3歳の誕生日にピアノを買いました。しかし、娘の練習は長つづきせず、多少経験のある妻が弾くだけとなりました。その後息子が生まれましたが、これもまた、ピアノには関心がありません。ただ、ふたりともなぜか電子オルガンは楽しいらしく、現在も教室にかよっています。さいわいピアノは妻が練習するので、〝無用の長物〟にはなりませんでしたが、高い買い物をしたと後悔しているのはわたしだけでしょうか。

ところで、『お父さんのためのピアノ講座』というテレビ番組がありましたが、おとなになってからでも、あらたに楽器を演奏することができるようになるんですね。わたしも音楽は好きですが、いままでになにか楽器をはじめてみようと思ったことはありません。それでも、妻はフォークギターしか弾けないわたしをふくめ、家族でアンサンブルをするのが夢らしいのですが……。

腹の児《こ》に　へそのマイクで　話しかけ

へその緒

　妻が息子をみごもったとき、娘に胎児は臍帯《さいたい》（へその緒）で母体とつながっているという話をしました。すると、娘は母親のへそが胎児とつながっていると勘ちがいしたらしく、とつぜん妻の服をめくり、あらわになったへそにむかって話しはじめたのです。いかにも子どもらしい発想ですが、あまりの突飛《とっぴ》な行動におもわず笑ってしまいました。ちなみに、臍帯の太さは15㎜前後で、長さは50㎝もあります。

　ところで、産後の臍帯や胎盤にのこった血液が、白血病や再生不良性貧血の治療に役だつのをご存じですか。いぜんは骨髄移植しかありませんでしたが、いまはこの臍帯血を移植することでも治療ができます。ただし、ひとりから採取できる血液量は少ないため、多くのドナー（提供者）が必要になります。だから、妊娠したときは、ぜひ医師に臍帯血移植のことをたずねてみてください。他人《ひと》の命をすくえるかもしれません。

腕まくら　むかし女房　いま娘

「まくら」その1

子どもが生まれるまでは、妻に腕をまくらがわりに提供したこともありますが、娘が生まれてからは、わたしの腕まくらは、もっぱら娘のものとなりました。しかし、相手が子どもだからといっても、けっして楽ではありません。娘が成長するにつれて腕がしびれるようになり、朝までつづかなくなったのです。さすがに小学生になれば卒業してもらおうと思っていますが、腕まくらってそんなに心地いいんでしょうか。これぱかりはわたしにはわかりませんが、まさか妻の腕まくらで寝ている夫がいたりして……。

ところで、『彼氏の腕まくら』という大きなまくら（クッションにもなる）をご存じですか。男性の上半身の半分、すなわち上四半身？の形をしているので外見は奇妙ですが、けっこう寝心地はいいらしいです。腕まくらをしてほしいのに、夫がしてくれないとお嘆きの奥さま！　いちどご購入されてみては？

膝まくら　いやがる娘の　あとを追い

「まくら」その2

子どもが生まれるまでは、妻の膝まくらにもお世話になりましたが、娘が生まれてからは、その小さな膝に頭をのせることが、わたしの楽しみとなりました。ところが、最初は機嫌がよかった娘も、だんだんといやがるようになり、とうとう逃げだす始末。娘のあとを追いかけますが、妻にたしなめられ、あきらめるしかありません。でも、どうして膝まくらってあんなに心地いいんでしょう。子どものころ、母親の膝まくらで耳掃除をしてもらったときの心地よさが、いまも記憶にのこっているのでしょうか。

ところで、妊婦が膝まくらをつかう、といっても他人の膝をまくらにして寝るのではなく、自分の膝にまくらをあてると楽になるのをご存じですか。膝裏にまくらを置き、膝を立てることで腹筋や大腿筋（太ももの筋肉）の緊張が緩和され、おなかの圧迫感が軽減します。また、腰痛がやわらいだりと、とにかく楽にあおむけになることができます。

おむつ替え　パパより上手《じょうず》な　お姉ちゃん

一姫二太郎

乳児《こども》の小便は平気でも、大便はいやがるお父さんが多いようですが、わたしは便の大小にかかわらず、妻がいそがしいときには、みずからすすんでおむつ交換をします（妻には異論があるかもしれませんが）。〝おむつ〟といっても、使い捨ての紙おむつですから、処理はかんたんです。出産前、おむつは紙製ではなく布製にしようときめていましたが、いざつかうとなると、やはり便利な紙製の方をえらんでしまいました。赤ちゃんのデリケートな肌には、紙より布の方がいいにきまってますよね。

ところで、「一姫二太郎」（第一子が女で、第二子が男という出生順の理想）とはよくいったもので、娘が成長するにつれて、すこしずつ息子の面倒をみるようになります。まるで妻とわたしと娘の3人で息子の世話をしているような感じです。そして、とうとうわたしよりも娘の方が、おむつ交換が上手《じょうず》になりました。

叱るとき　屈《かが》んで手をとり　穏やかに

叱り方

どの育児書にもかいてあります。子どもを叱るときは、自分の目を子どもの目の高さにあわせ、手をにぎり、冷静に諭すようにかたりかけなさいと。目の高さをあわせることにより威圧感をなくし、手をにぎることにより信頼感をあたえ、諭すようにかたることにより話の内容を理解しやすくさせる。まさに理想的な叱り方です。はたしてどれだけの親が実行できているでしょうか。わたしの場合気が短いので、どうしても〝叱る〟ではなく〝怒る〟になってしまいます。気の長い妻でも、できているとはいいがたいでしょう。

ちなみに、『1分間ママ』『1分間パパ』の著者スペンサー・ジョンソンは、説教のあとに子どもを抱きしめ、親が充分に愛していることをつたえよと言います。ハグや甘い言葉に不慣れな日本人ですが、たしかに大好きだよと抱きしめることが、心理的によい影響をあたえるのはまちがいないようです。

発表会　カメラ、ビデオで　撮影会

スター？

幼稚園や保育所での発表会。近ごろは大きな会場を借りて催すことも多いようですが、保護者が撮影するカメラ、ビデオの多さといえば、まるで有名人の記者会見さながらです。わたしは発表会というものは、舞台全体を直接自分の目で見るのが最善だと思っています。レンズをとおして自分の子どもだけを見ていると、舞台の雰囲気はつたわってこないし、劇であれば、子どもが演じる役割を理解しにくいのではないでしょうか。カメラのフラッシュやシャッター音、あるいはビデオの三脚。記録をのこすことも大切かもしれませんが、その行為がときとして他人に迷惑をかけることがありますのでご注意を。

ところで、最近は発表会での役にかんしてクレームをつける親が多いらしく、園も苦肉の策として、出演児すべてを主役にするという、とても劇が成立するとは思えないような状況になっているそうです。

運動会　親子競技は　子に軍配

子どもvs.親

毎年恒例の運動会。幼稚園では、かならずプログラムに親子競技があります。ひと口に親子競技といっても、親と子が力をあわせて他の親子と競うものと、親が自分の子どもと競うものがあります。前者の場合、それほどプレッシャーを感じませんが、後者の場合、立場上子どもに負けるわけにはいかないので、どうしても力がはいります。しかし、それがかえって災いするのでしょうね。けっきょく子どもに軍配があがります。そんなときは、「たまには子どもに花を持たせるのも悪くない」と自分に言い聞かせています。

ところで、みなさんは子どもと競争や勝負事をするとき、わざと負けたりしていませんか。これは教育上よくないことだといわれています。親がいつも負けていると、子どもは自信過剰になり、じっさいには力がないのに慢心したり、ほんとうに挫折したときに立ちなおれなくなったりするというのです。

父さんに　抱っこは物を　ねだるとき

抱っこ作戦

子どもたちが母親にまとわりつくことはあっても、父親であるわたしに理由もなく寄りつくことはありません。しかし、ごくまれにそんな父親の膝にすわり、ねこなで声で抱きついてくることがあります。こんなときは要注意です。かならずなにか魂胆があります。たいていは、おもちゃを買ってほしいというようなおねだりですが、そんな都合のいい勝手なお願いは、とうぜん聞きいれられるはずもなく、〝父さんに抱っこ作戦〟は不発におわります。

そもそも、小学生にもなって、母親にべたべたすることじたいが気にいりません（〝やきもち〟ではありませんので念のため）。ただ、子どもにとって母親の抱擁は心のやすらぎをあたえるというし、10歳までは徹底的に甘えさせせよ（甘やかすのとはちがうらしい）と言う専門家もいますが、どうもスッキリしないのはわたしだけでしょうか。

金魚の名　おぼえているのは　子どもだけ

記憶力

いまや空前のペットブームですが、わが家もいろんな動物を飼いました。金魚にカブトムシにハムスターにヒヨコなど。とうぜん子どもたちが世話をするわけですが、どんな動物にもそれぞれ名前をつけます。長い名前はありませんが、数が多いので親はおぼえきれません。見わけのつかない金魚にまでつけるのですから、もうお手あげです。

ところで、子どもの記憶力には感心します。１００種類以上あるポケモンやミニカーの名前をいともかんたんにおぼえるし、トランプゲームの神経衰弱でも、油断していると負けてしまいます。テレビ番組に、きわめて記憶力のよい子どもが登場することがありますが、これは程度の差こそあれ、どの子にもそなわっている能力だと思います。最近は脳をきたえる?商品が流行ですが、幼児期に脳にたくさん刺激をあたえることは、それなりに意味があるようです。ただし、「十で神童、十五で才子、二十《はたち》過ぎればただの人」？

誰が好き　一位母さん　二位もママ

母親大好き

子どもに世界中で誰がいちばん好きかと問えば、きまって答えはお母さん。子どもとの接触時間が長いので、「当然」といえば「当然」なのかもしれません。しかし、かりに父親が一日中面倒をみたとしても、はたしてお父さんがいちばん好きという結果になるでしょうか。どうもあやしそうです。いや、あやしいどころか、お父さんはお小遣いをくれるおばあちゃんやおじいちゃんの次、ということにもなりかねません。やはり父性より母性がまさる?のは、赤ん坊のころのスキンシップが大きく影響しているのでしょうか。

では、母性と父性のちがいやいかに? 辞書には、母性とは「女性が子どもを守り育てようとする母親としての本能的性質」とあります。しかし、父性とは「父親として持つ本能や性質」としかかかれていません。抽象的すぎてよくわかりませんが、やはり父親には本能的に子どもを育てるという性質はないのでしょうか。

百貨店　高級ソファーで　子が昼寝

寝る子は育つ

ときどき家族で百貨店にでかけます。ある日、家具売り場でのこと。日ごろは店内を走りまわっている子どもたちの姿が見えません。行儀が悪いのを注意するのもたいへんですが、さがすのはもっとたいへんなのにと思いきや、いましたいました。なんと、ふたりとも高価そうなソファーにすわって、すやすやと眠っているではありませんか。よほどすわり心地がいいんでしょうね。よだれを垂らしていないかすこし心配になりましたが、ここは他人のふりをして、叱り役は妻にまかせました。

ところで、睡眠時間の長い子どもほど、記憶にかかわる脳の部位「海馬《かいば》」の体積が大きいという研究報告があります。また、成長ホルモンはふかい眠りと関係があり、やはり睡眠は子どもにとって重要なようです。「早寝、早起き」ではなく、「早起き、早寝」をめざしましょう!

うさぎ小屋　バレエの練習　どこでする

住宅事情

娘がかよう幼稚園では、女子はバレエ、男子は器械体操が必修科目。娘も一人前にレオタードを着てトーシューズをはき、一所懸命練習に励んでいます。しかし、園でならったことを自宅で練習しようにも、せまい家のなかではその場所がありません。器械体操でもおなじですが、子どもにはあきらめてもらうしかなさそうです。（海外では日本の小さな住宅は〝うさぎ小屋〟と揶揄《やゆ》される）

ところで、バレエといえば、チャイコフスキーの『白鳥の湖』『眠れる森の美女』『くるみ割り人形』が有名ですが、音楽はエルネスト・アンセルメ指揮スイス・ロマンド管弦楽団の演奏がおすすめです。舞台が彷彿《ほうふつ》としてきます。映画では、英国アカデミー賞と日本アカデミー賞をダブル受賞した『リトル・ダンサー』（主人公の少年がプロのバレエダンサーをめざす）がおすすめです。

添い寝して　お疲れママが　さきに寝る

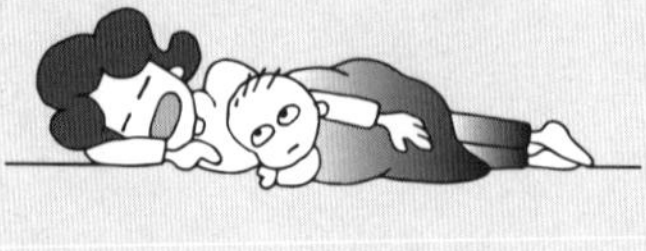

どっちが添い寝？

ひとりで寝るのはさびしいと、息子が妻に添い寝を要求します。しかたがないと言いつつ、まだ家事がのこっていても、妻はかるい気もちでひきうけます。しかし、いつまでたっても妻が子ども部屋からもどってきません。そのまま子どもといっしょに寝てしまったようです。疲れているんでしょうね。無理もありません。ただ、子どもよりさきに寝いっているとすれば問題ですが……。

ところで、みなさんは寝つけないとき、どうしていますか。羊をかぞえるのもひとつの方法ですが、一般的にはストレッチ、アロマ、ハーブティーやBGMなど、心身をリラックスさせる方法がいろいろと紹介されています。わたしの場合は、少々難解な本をよむことにしているのですが、途中でたいていい眠くなってきます。なお、〝寝酒〟は眠りがあさくなるために中途覚醒したり、習慣になったりすることがあるのでおすすめできません。

微熱でも　子どもとなれば　一大事

発熱○　熱発×

子どもがまだ幼いころ、とくに第一子の場合、たかが微熱でも妻は大さわぎでした。いまでこそ、高熱でも平静ですが……。

ところで、細菌やウイルスに感染すると熱がでますが、これは身体《からだ》の温度を上昇させることにより、それらの病原体を体内から駆除しようとするためにおこる現象です。したがって、発熱したからといって、すぐに熱をさげるのは考えものです。とくに乳幼児の場合、免疫力が弱いため感染する機会が多いのですが、それほど高熱でもないのに解熱剤を使用すると、かえって病状が悪化し、脳炎や髄膜炎になる危険性が高まることがありま す。ただし、体力の消耗《しょうこう》がはげしい場合は、そのかぎりではありません。また、発熱には発汗をともなうので、脱水にならないよう水分補給をわすれないでください。水を飲む元気もないときは、病院で輸液をしてもらいましょう。

赤ちゃんを　買ってくれろと　泣く子かな

無理難題

息子には弟や妹がいないため、赤ん坊をほしがることがあります。先日もショッピングセンターの休憩所で、ゆりかごに眠っている赤ちゃんを指さし、「これ買って」と駄々を言っていました。赤ん坊などそうかんたんには手にはいらない?ので、かわりにペットを飼ってやろうかとも考えましたが、けっきょく世話は親がすることになるのが目に見えているので、子どもから飼いたいと言うまでは、だまっていることにしました。

ところで、江戸時代の俳人小林一茶《こばやしいっさ》の句に「名月をとってくれろと泣く子かな」というのがありますが、いつの時代も、子どもはとんでもないことを言って、親をこまらせるものです。なお、一茶の句には子どもや動物を題材にしたものが多く、俳句に興味のある方には入門としておすすめです。また、作句の入門書としては、中村汀女《なかむらていじょ》著『はじめて俳句を作る』がおすすめです。

上手《じょうず》な絵　床がカンバス　ペン油性

落がき

息子が絵を描きました。しかし、画用紙にではありません。なんと、リビングの床に直接描いたのです。しかもペンは油性！　ここで絵をほめる余裕のある親は、評論家にでもなれるのでしょうが、わが家は賃貸なのでそうもいきません。さいわい絵はメラミンスポンジできえましたが、子どもの落がきは精神発達上禁止しない方がいいので、今後どう対応すべきか悩ましい問題です。

ところで、今回使用した〝メラミンスポンジ〟はすぐれものです。ありとあらゆる汚れをおとしてくれます。洗剤も不要というのにはおどろきです。秘密は太さが髪の毛の1万分の1という超極細繊維。その1本1本がミクロのすきまにまで入りこんで汚れをかき出します。また、繊維は非常にやわらかいので、素材じたいを傷つけることがありません。

ちなみに、床用のワックスは、未晒《みざら》し蜜蝋《みつろう》やアウロ社製の物がおすすめです。

お手伝い　かえってママの　仕事ふえ

勉強よりも手伝い？

子どもはおとながすることには興味津々です。気がつかないところで、親のすることをしっかり観察しています。しかも、子どもの観察力はあなどれません。けっこう要領をつかんでいることが多いため、自分もおとなとおなじように、なんでもできると勘ちがいするのでしょう。そして、見ているだけではものたりないので、かならずやらせろと言いだします。そこで、お手伝いと称していろんな体験をさせるわけですが、これがとんでもないことに……。料理では、材料をまき散らかしたり、食器をわったり、包丁で指を切ったり、火傷《やけど》をしたり。掃除では、家具を傷つけたり、掃除機をこわしたり。買い物では、商品やお金をおとしたり。かえって親の仕事がふえることになります。でも、そうやって社会性を身につけていくんでしょうね。手伝いをする子どもの方が成績がよいというデータもありますが、なにをどこまでさせるか悩ましい問題です。

母親に　芸を仕こまれ　成長す

芸と芸術と教育

子どもというのは、ある程度見よう見まねで物事をおぼえますが、行儀作法だけはきちんとしつけねばなりません。トイレトレーニング、着がえ、あと片づけ、箸や鉛筆の持ち方など、教えることは山ほどあります。しかし、妻のしつけを見ていると、ときどき作法というよりも、なんとなく芸？ではないかと思うことがあります。

ところで、芸と芸術の関係を考えるとき、さらに教育との関係はどうでしょうか。学校では、教育の一環としての芸術と考えられているようですが、シュタイナーは「教育は学問ではなく、芸術であるべきだ」と主張しました。ここでいう芸術とは、情操教育のためのものではなく、教育そのものが芸術であるという考え方です。いかにも抽象的ですが、この考え方は非常に重要です。なぜなら、芸術とは人生においてつねに身のまわりに存在し、さまざまな刺激をあたえてくれるもので、教育もそうあるべきだと思うからです。

ママの膝　争奪パパは　観戦者

争奪戦

姉弟で母親の膝の奪いあいです。もちろんわたしの膝が争いの対象になることはないし、わたしが争いに参加することもありません。いつもはげしいバトルをただただ傍観しているだけです。しかし、子どもの馬鹿《ばか》力ってすごいですね。妻がケガをするのではないかと心配になるほどです。戦いは、けっきょく妻が避難しておわることになりますが、詩人新川和江《しんかわかずえ》の『おかあさんの膝』という詩のイメージとはほど遠いものがあります。

ところで、世のご婦人方が争いの対象になるのではなく、みずから争奪戦をくりひろげるものに「バーゲンセール」がありますが、帰宅後購入した商品を見て、どうしてこんな買い物をしたのだろうと後悔した経験はありませんか。これは社会心理学でいう〝集団心理〟に起因するもので、通常ひとりではとらない行動が、集団になるとあらわれる典型的な例です。安いからといって買いすぎると、おもわぬ出費になりますのでご用心を。

タオルもち　腰をふりふり　背を洗い

器用？　不器用？

子どもが自分で背中を洗うのはむずかしいようです。洗ってやろうとしても拒否するのですが、自分ではどうしてもうまくいきません。というのも、息子はタオルを動かさず、身体《からだ》を動かすのです。しかも、動いているのは背中ではなく腰。まるでへたなフラを見ているようで、失笑してしまいました。

ところで、「フラ」といえば、ハワイの腰をふって踊るダンスのことですが、これがダイエットとまではいきませんが、下半身まわり（腰、おなか、太ももなど）の引きしめに有効だそうです。テンポがそれほどはやくなくても、ウォーキング以上にエネルギーを消費するようです。ちなみに、音楽はオムニバスの『フラ・レア』がおすすめです。映画では、日本アカデミー賞を受賞した『フラガール』（町おこしの目的で立ちあげたハワイアンセンターの誕生から成功までを実話をもとにえがく）がおすすめです。

子どもでも　二度目の試食は　ゆるされず

食いしん坊

好奇心旺盛？なわが家の子どもたちは、デパ地下やスーパーの試食コーナーにはかならず立ちよります。最初はこころよく試食させてもらえますが、二度目となると、さすがにやさしい店員さんも「さっき食べたでしょう？」と試食させてくれません。わたしと妻は、気づいても他人のふりをしていますが、きっと店員さんは、親の顔が見てみたいと思っているにちがいありません。

ところで、最近は試食の前に食物アレルギーの有無を確認する店があるようですが、考えてみれば、いままで確認しなかった方が問題だったのかもしれません。アレルギーがあれば、たとえひと口でも原因食品を食べると発作がおきるので、場合によっては大事にいたる可能性もありえます。アレルギーのある子どもをもつ親は、注意する必要がありそうです。

すわ地震　もぐった机で　頭打ち

天災は忘れた頃にやって来る

まさか福岡で地震を経験するとは思いませんでした。阪神淡路大震災を目のあたりにした身にとっては、震度6の烈震は恐怖以外のなにものでもありません。地震発生時、わたしは自宅の2階にいましたが、本棚をたおれないようにささえるのが精いっぱいでした。妻と子どもたちは1階にいて、すぐに食卓の下に避難しましたが、そのとき息子が机のかどで頭を打ちケガをしました。さいわい大事にはいたりませんでしたが、地震のさいは、たおれる家具や落下物で負傷するだけでなく、非難するときにあわてることにより負傷する場合もあるということです。「天災は忘れた頃にやって来る」といいますが、日ごろから自宅でも避難訓練をする必要があると痛感しました。地震時の心がまえとしては、まず第一に自分の身の安全を確保し、それから火元や避難口の確認をしましょう。また、本震のあとすぐに余震がくることが多いので注意が必要です。

旧友と　子どもを肴《さかな》に　酒を酌《く》む

極上の肴《さかな》

ひさしぶりに旧友と酒を飲む機会がありました。いっしょに働いていたころは、おたがい若い身空で独身。もっとも仕事に燃えていた時期ではないでしょうか。酒の席では、いつも仕事の話ばかり。それがもう子どもをもつ親という立場。日本酒に焼き鳥というのがわたしのおきまりで、これはいまもかわりませんが、昔とちがいいまいちばん盛りあがる話題といえば、そう、子どものことです。出産にはじまり、育児、習い事、学校、そして将来の話まで、つきることがありません。自分が年をとることには鈍感ですが、他人《ひと》と子どもの話をしていると、その成長のはやさ、歳月のながれるはやさを実感します。

ところで、江戸時代の俳人松尾芭蕉《まつおばしょう》の弟子其角《きかく》の句に「かたつぶり酒の肴《さかな》に這《は》はせけり」というのがありますが、カタツムリのかわりに乳児《こども》をハイハイさせて飲むのは、やはり不謹慎でしょうか。

泣きふして　親を一瞥《いちべつ》　さらに泣き

うそ泣き

叱られて泣くのが子どもというものですが、その泣き方も成長するにつれて変化します。最初はひたすら号泣するだけですが、知恵がついてくると、親の顔色を見ながら泣くようになります。ある日妻に叱られ、ふせて泣く息子。しかし、顔をかくしているので、ほんとうに泣いているのかどうか……。ときどき母親の方をチラッと見ては（一瞥《いちべつ》）、無視されているとわかると、ふたたび泣きつづける。どうやら涙はでていないようです。さすがに妻も慣れたもので、そんな子どもの機嫌をとるようなことはしませんから、とうとう子どもの方が根負けして、泣きやんでしまいます（もともとうそ泣きですが）。

ところで、笑うことが健康によいのはご存じでしょうが、泣くこともストレスの発散になり、心を浄化させます。おとなが泣いてはいけないという道理はありません。だから、育児でつらいときは、親も我慢せずおもいきり泣きましょう！

商品の　ラップに穴あけ　出費ふえ

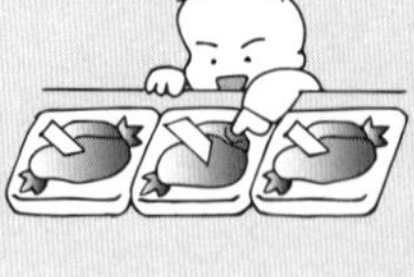

子づれで買い物

幼児《こども》をつれての買い物は、親にとってストレスの要因のひとつです。駄々をこねることはありませんが、店内を走りまわるのはあたりまえ。カートに乗ったり、いったん手にとったお菓子をちがう場所にもどしたり、こっそり買い物かごのなかに商品をいれたり。いちばんこまるのは、魚や肉のはいったパックのラップを指でついて穴をあけること。ラップをおすときの感触がいいんでしょうね。まったく買うつもりのなかった商品を買わざるをえなくなり、無駄な出費に……。とにかく幼児《こども》を買い物につれていくと、それだけで疲れてしまいます。むしろ子どもにお金をわたしておつかいをたのんだ方が、教育上も有益なのかもしれません。まさに算数の実践になるわけで、心理学者の多湖輝《たごあきら》も、子どもに現金をもたせてどんどん買い物をさせることをすすめています（〝どんどん〟とは少々勇気がいりますが……）。

将来の　夢は大きく　ウルトラマン

おもちゃ占い

ウルトラマンやウルトラセブンが流行していた当時、ほとんどの男の子が、いちどは「ウルトラマンのように強くなりたい」と夢みたことがあると思います。男の子の場合、おもちゃに興味をしめす年ごろになると、遊ぶ対象がだいたいふたつにわかれるようです。ひとつは、自動車や電車、飛行機、船といった乗り物系のおもちゃ。もうひとつは、テレビ番組のヒーローや怪獣、ロボットといったキャラクター系のおもちゃ。兄弟でも対象物がことなることがあり、〝将来の夢〟人気ナンバーワンが、野球選手とサッカー選手にわかれるのとおなじように、これらの傾向は、なにか子どもの性格を反映しているのでしょうか。（おとなしい子どもは乗り物系で、活発な子どもはキャラクター系？）。遊んだおもちゃのちがいによって、将来どんな職業につくかを調べてみると、あんがいおもしろい結果がでてくるかもしれません。

飛行機の　絵が船に見え　入賞す

絵にうつる心

毎春博多湾に浮かぶ能古島《のこのしま》で、童画家西島伊三雄《にしじまいさお》記念子どもスケッチコンテストが開催されます。ほとんど毎回参加しているのですが、ある年息子の描いた絵が入賞しました。受賞の理由は、大胆な構図と色づかいだということでしたが、なんと、飛行機のつもりで描いた絵を、船と勘ちがいされていたらしいのです。

ところで、子どもの絵には心のうちが素直にあらわれるので、それを見て深層心理を分析することができます。たとえば赤や紫はストレスを、黒は不安を、黄は叫びを、青は抑圧を、茶は欲求をあらわします。ただし、えがく対象物や配色や色の使用量によって意味がことなってきます。また、太陽は父親、大地や海は母親、ペットや木は自己をあらわします。その他、物の大きさや配置なども重要な要素になり、これらを総合的に判断して子どもの心理状態を把握するのです。

自分から　迷子と名のり　親を呼び

穴があったら入りたい

ときどき家族でショッピングセンターにでかけますが、いつも息子だけは、みんなといっしょに行動できません。ちょっと目をはなすと、すぐいなくなります。だいたい居場所は、ゲームコーナーかおもちゃ売り場にきまっているのですが、たまにどこにも見あたらないことがあります。店内はひろいので、さがすのもたいへんです。そして、みんなで手わけしてさがしていると、迷子の館内放送がながれ、どこかで聞いたような名前が……。そう、わが息子です。「穴があったら入りたい」とは、こういう状況のことをいうのでしょうね。聞けば、迷子になった息子は、われわれをさがすどころか、まっすぐインフォメーションコーナーにむかったといいます。ふつう迷子といえば、〝べそ〟をかいている子どもを想像しますが、息子の場合、そんなかわいそうな迷子ではありません。むしろ迷子を楽しんでいるようで、ほとほとこまったものです。

子どもとは　小さな巨人　哲学者

偉大な小人

児童文学作家灰谷健次郎《はいたにけんじろう》の『子どもという巨人』と、イタリアの精神学者ピエーロ・フェルッチの『子どもという哲学者』の題名をつなぎあわせただけの句ですが、子どもの特長を端的にいいあらわしていると思います。「巨人」とは才学にひいでた人のことですが、子どもはわれわれおとなの想像をはるかにこえた発想をします。また、「哲学者」とは世界、人生、物事の根本原理をきわめる学問にたずさわる人のことですが、子どもはさまざまな疑問（ときには難問のことも）をわれわれ親になげかけます。

たしかに子どもは人生経験がとぼしく知識も少ない。しかし、経験がないからといってなにもできないわけではないし、知識がなくても知恵があればできることもある。はんたいに、経験や知識がないからこそできることもある。だから、けっして子どもをみくびってはいけません。子どもから教わることは、山のようにあるのです。

今年こそ　サンタに会うぞと　はや5年

知らない方がいいこともある

子どもは何歳くらいまでサンタクロースの存在を信じているのでしょう。わが家では、まだ娘も息子も毎年クリスマスになると、プレゼントだけでなく、サンタに会うことも楽しみにしています。しかし、サンタの姿をひと目見ようと、彼がおとずれるまで起きて待つことをこころみますが、いつも失敗におわります（寝てくれなければ、親がこまりますが……）。そして、けっきょく会えないまま、サンタの正体を知ることになるのです。

さて、クリスマスプレゼントです。ほしい物がわかっているときは問題ないのですが、ときどきわからないことがあります。サンタになにを願うのかとたずねますが、答えは秘密。はて、こまりました。こんな年は、子どもが贈り物にがっかりすることになります。

ちなみに、一家団欒《いっかだんらん》には、サンタクロースの珍騒動をえがいたファンタジー映画『34丁目の奇跡』がおすすめです。

海・山・川　ゲームに勝てる　ものがない

ゲーム再考

夏休み。子どもたちにどこへ遊びに行きたいかたずねます。さいわい近隣に海も山も川もあるので、海水浴にしようか、山で虫とりをしようか、川で釣りをしようかと。しかし、かえってきた答えは「ゲーセン!」そう、ゲームセンターのことです。まったく予想外の返事ですが、いまの子どもたちは、自然のなかで遊ぶ機会が少なすぎます。

ところで、ゲームといえば、いまや携帯ゲームは子どもの必需品ですが、友だちと遊ぶときも、家のなかでおのおのが自分のゲームに没頭するという奇妙な現象がおきていいます。ただ、外で遊びたいと思っても、いまは安全性の面から、子どもたちだけで遠出することを禁じる傾向にあるため、おのずと行動範囲がせまくなり、ますます遊ぶ場所がなくなっています。身近な自然がへっているのも事実ですが、みんな?がもっているからという理由で買いあたえるゲームによる弊害は、予想以上に大きいのではないでしょうか。

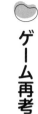

元気なり　時差ぼけしらぬ　子どもたち

適応力

家族旅行でいつも心配するのは、子どもの体調です。じっさい国内の旅先で娘が発熱し、やむをえず深夜地元の病院で受診したことがあります。ましてや海外旅行となると、心配は倍増です。ところが、海外の場合、子どもたちは病気をするどころか、時差ぼけもありません。親はホテルに到着するやいなやダウンですが、彼女らはさっそくでかけようと大はしゃぎです。たとえハードスケジュールであっても、元気いっぱいです。しかし、さすがに夜には疲れはてるのか、翌日の早起きだけはむずかしいようです。

ところで、「時差ぼけ」ですが、これは時差により行動の日常的なリズムがくるうためにおこります。専門用語で「非同期症候群」といい、光によって調節されている体内時計の周期が、昼と夜（明るさと暗さ）の周期と同期しないために生じる障害です。食事や運動や睡眠などの影響もあるため、時差ぼけを完全に予防する方法はなさそうです。

けんかして　仲なおりして　またけんか

けんかするほど仲がいい

兄弟姉妹にかぎらず、子ども社会はけんかと仲なおりのくりかえしです。とうていおとな社会では考えられない現象であり（夫婦げんかは例外？）、子どもだけにあたえられた特権といったものでしょう。口げんかにせよ、殴りあいのけんかにせよ、人間関係の修復が容易であり、発達心理学上も必要不可欠なものとされています。けんかしながら自己主張の方法や協調性を学んでいくのです。児童心理学者の平井信義《ひらいのぶよし》も、けんかをするのは「よい子」の条件であり、けんかをわすれた子どもは精神的虚弱児であると明言します。

ちなみに、子どものけんかに親がでてくることの是非が論じられることがありますが、基本的に子どものけんかは、子どもたちにまかせておきましょう。時と場合にもよりますが、そういう親はきまって過保護のことが多く、そのためにますます子どもが虚弱児になってしまうと思うのです。

食べのこし　もったいないと　妻肥える

貧乏性の災い

子どもの1日の必要摂取カロリーは、いったいどのくらいでしょう。年齢×100+1000キロカロリーという計算式がありますが、子どもの食欲にはむらがあるので、1日の食事量を計画するのはなかなか困難です。妻も献立には苦労しているようですが、こまるのは子どもの食べのこしです。満腹のわたしは、子どもの分までは食べられません。けっきょく妻がもったいないと言いながら、無理をして食べることになるのですが、これが肉体的にどういう変化をもたらすかは、火を見るよりあきらかといえましょう。

ところで、「もったいない」という言葉は世界共通ではなく、ノーベル平和賞を受賞したケニアの環境保護活動家ワンガリ・マータイ女史がこの言葉を知り、もったいない精神を世界にひろめようと話題になりました。しかし、最近の日本こそ、このもったいない精神を見なおす必要があると思うのですが……。

星見あげ　子どもと語らう　露天風呂

星の王子さま

わが家はみんな温泉が大好きです。わたしはとくに夜の露天風呂が気にいっています。日中に海や山の絶景をながめるのもいいですが、夜空を見ながらはいる露天風呂は格別です。そして、晴れていれば満天の星のもと、子どもと宇宙や星座の話ができます。

ところで、フランスの飛行士サン・テグジュペリがかいた童話『星の王子さま』をよんだことはありますか。小さな星にすむ少年がいくつかの星を旅し、さまざまな人と出会い、最後は地球にたどりつき、そこで砂漠に不時着した飛行士と友だちになるという物語です。おとなは自分もかつては子どもだったことをわすれてしまい、「子どもの心でないと物事の本質を見ることができない」すなわち、「ほんとうに大切なことは目には見えない」ということがわかっていないと作者は訴えます。おとなになるとは、たんに子ども心を失うことだけではないのでしょうね。

頭髪が　気になる父親　参観日

上から見ると、はや老年

わたしの家系には薄毛はいないはずなのに、学生時代ふさふさだった頭髪が、仕事がいちばんいそがしかったころからじょじょに減少してきました。予防に効果がありそうなシャンプーや育毛剤をいろいろためしてみましたが、ほとんど効果はありません。妻は植毛をすすめますが、そこまでして外見をとりつくろおうとも思いません。ただ、子どもの授業参観のときには、無意識に他のお父さんの頭をチェックしてしまいますが……。

ちなみに、日本皮膚科学会で脱毛症に推奨されている薬は、内服用のフィナステリドと外用のミノキシジルだけです。ただし、効果には個人差があるので、かならずしもこれらの薬がきくとはかぎりません。「男性ホルモン」「遺伝」「ストレス」「食事・生活習慣」などが脱毛のおもな関係因子ですが、まあ、人間年をとるとハゲ頭や白髪になるのは自然なことなので、あまり気にしないようにしています。

好き嫌い　「ばっかり食べ」が　災いし

自然の調味

あるときふと、子どもたちの食事の仕方に違和感をおぼえました。食べるのはご飯ならご飯だけ、おかずならおかずだけ、汁物なら汁物だけ。一品だけをひたすら食べるのです。ご飯とおかずと汁物を交互に食べる「三角食べ」があたりまえだと思っていましたが、子どもたちの食べ方はちがうのです。たしかに三角食べを教えたことはありませんが、まさかそれ以外の食べ方をするとは思いもしませんでした。のちに前述のような食べ方を「ばっかり食べ」ということを知りましたが、わが子にかぎらず、最近子どもたちのあいだでふえているそうです。しかし、ばっかり食べでは食物固有の味が強調されるため、嫌いな味はいつまでもかわらず、偏食を助長するのではないでしょうか。いわゆる三角食べは「口内（口中）調味」といい、口のなかでいくつかの食物がまざりあっておいしい味になる食べ方です。ただ、これは日本特有の文化のようですが……。

風呂掃除　気づけば給湯　タンク空

日課

わが家では、お風呂掃除は子どもの日課です。ある日息子が掃除をしていると、とつぜんシャワーのお湯がでなくなりました。お湯は電気温水器でわかしているので、もしかすると器械の故障かと思い確認すると、なんと、給湯タンクが空になっているではありませんか。掃除をしているあいだずっとお湯をだしつづけていたらしく、気がつくとなくなっていたという始末。さっそくシャワーヘッドを節水型にとりかえましたが、考えてみれば、掃除にはお湯ではなく水をつかえばすむ話ですよね。

ところで、みなさんは子どもに日課をあたえていますか。ついつい子どもは勉強さえしていればよいと考えがちですが、手伝いをすることによって、家族の一員としての自覚がめばえます。そして、親はその行為にたいし、「ありがとう」の言葉で素直に感謝の気もちをつたえましょう。

風呂の壁　九九に英語に　世界地図

ちょっとした習慣

子どもがいる家庭では、トイレにいろんな教材をはることが多いと思いますが、わが家では、それらをお風呂にはっています。とくに親がそうしたわけではなく、子どもがみずから風呂場に教材をもちこみました。九九や英単語や地図など、トイレではひとりですが、風呂場であれば、家族といっしょに学習できます。

ところで、お母さんもお風呂で勉強をしませんか？　ひとりで入浴できる機会もなかなかないと思いますが、たまにはお父さんに子どもの入浴をまかせて、ゆっくりと自分の時間を楽しみましょう。浴槽のふたを机がわりにし、いすをしずめて準備完了。ぬるめのお湯に半身浴しながら、読書（耐水性本があります）やCDプレーヤー（防水型がありま す）で語学学習などはどうでしょうか。お好みの入浴剤をつかうのもいいかもしれません。ちなみに、わたしは掃除も楽になる重曹をいれています。

花粉症　うつさないでと　子がマスク

予防が大切

花粉症の妻は、毎年いろんな薬やサプリメントをためしていますが、これといった特効薬はありません。ひどいときは、くしゃみに鼻水に涙の三重苦で、そうとうつらそうです。しかし、娘はそれを風邪《かぜ》の症状と勘ちがいし、母親がマスクをしないのなら、自分がすると言いだしました。おなじくしゃみでも、風邪《かぜ》ではないので、うつらないことを説明しましたが、まちがうのも無理はありません。（そもそもマスクは予防にはならない）

ところで、治療ですが、対症療法（症状に対する治療）には限界があります。重症になると、著効する治療法はありません。大切なのは予防です。さまざまな薬物療法や民間療法がありますが、予防にかんしては有効なことが多いようです。とうぜんアレルゲン（アレルギーの原因物質）を除去できれば、いちばんいいのですが……。

「花粉症できれば背負《しょ》いたい清浄機」

※現在は、発症後でも有効な薬や免疫療法など、治療が進歩しています。

たこ焼きを　家でつくれば　タコだらけ

自家製

たかが「たこ焼」といっても、最近は高価な食べ物になりました。わたしが子どものころは、たこ焼きはたんなる〝おやつ〟だったので、お小遣いで買うことができたし、店に行列ができることなどありませんでした（そもそも有名店などなかった）。

ところで、わが家にはたこ焼き専用の卓上ガスコンロがあります。いぜんは電気たこ焼き器をつかっていましたが、コンロでつくる方が断然おいしいです。しかも、家でつくる場合、いろんな具材をつかえます。なかでも肝腎なのは、とうぜんタコ。店のたこ焼きにはいっているタコは、たいてい小さくて1個ですが（たまにはいっていないことも）、自分でつくれば、大きなタコを何個もいれることができます。だから、子どもたちがつくるたこ焼きは、いつもタコでいっぱいです。また、焼く作業も楽しいので、ときどき友人を招いてたこ焼きパーティーをひらきます。

似てほしくないところだけ似る不思議

親は子の鑑《かがみ》　子は親の鏡

親子というのは、よくもまあこんなに似るものかと思うくらい似ます。しかし、親の良いところよりも悪いところが似るのはどうしてでしょう。良いところも似るけれど、悪いところの方が目だつので、そう感じるだけでしょうか。息子はわたしに似て、短気で頑固です。娘は妻に似て、のんきで大雑把《おおざっぱ》です。娘は父親に似、息子は母親に似るといいますが、わが家は逆のようです。

ところで、夫婦が相反する性格の場合、子どもにはどちらの遺伝がより反映するのでしょう。人格形成における遺伝と環境の影響については、さまざまな見解がありますが、親は環境が大きな影響をおよぼすと考えるからこそいろいろと悩むわけで、もし遺伝だけで子どもの性格がきまるとすれば、子育ての楽しみはなくなってしまいます。

「蛙《かえる》の子は蛙《かえる》」「鳶《とび》が鷹《たか》を生む」「獅子《しし》の子は獅子《しし》（自作）」　みなさんのご家庭は？

三歳と　言いつつ立てる　指二本

三歳児神話

3歳になれば、自分の年齢を言えるようになります。しかし、それを指でしめそうとすると、なぜか2歳に。日ごろから、写真をとるときにピースサインを連発しているので、つい3が2になるのでしょうか。それとも、幼児にとっては、指3本を立てることじたいがむずかしいのでしょうか。

ところで、3歳といえば、『三歳児神話』（3歳までは母親が仕事などをせず育児に専念しないと成長に悪影響をおよぼすという考え方）が有名ですが、最近は否定的な意見が優勢のようです。厚生労働省も「育児にとって大切なのは、親が常に子どものそばにいることよりも、育児者によってそそがれる愛情の質であり、神話には少なくとも合理的な根拠は認められない」としています。ただ、〝愛情の質〟の定義に議論の余地がありそうですが……。

自転車に　乗れたよ　親がいなくても

習うより慣れよ

誰かに教わらなければ、自転車には乗れるようにならないと思っていました。わたしは父親に教えてもらった記憶がありますが、娘と息子はいつしかひとりでに乗れるようになりました。娘には多少手ほどきをしましたが、じっさい乗れるようになったのは、親がいないときでした。息子にいたっては、親はまったく関与していません。いわゆる運動神経と関係があるのかどうかわかりませんが、もしいま苦労して練習している子どもがいたとしても、そのうちきっと乗れるようになるはずです。

そういえば、おとなになってから自転車の練習をはじめた人がいましたが、けっきょく乗れるようにはなりませんでした。個人的な能力の問題かもしれませんが、やはり子どものころにしか習得できないなにかがあるような気がします。それだけ子どもの能力は偉大だということではないでしょうか。

水虫を　図鑑でしらべる　律儀な子

疑問は学習の母

テレビで水虫薬の宣伝を見た息子が、水虫とはどんな虫かとたずねます。「まずは自分でしらべてごらん」と言うと、息子はさっそく図鑑をとりだしてしらべはじめました。とうぜん図鑑にはのっていないので、なかなか見つからないと言いながらページをめくります。それをしばらく横目で見ながら、どう説明しようかと思案していたのですが、とりあえず「水虫とは足にくっついてかゆみをおこすばい菌のこと」と教えました。理解できたかどうかわかりませんが、子どもに言葉の意味を正確につたえるのはむずかしいですね。

ところで、みなさんは水虫（白癬症）にかかっていませんか。日本人の4人に1人は感染しているといわれます。原因となる白癬菌（かびの一種）が、皮膚に付着するだけでは症状はあらわれず、角質層に寄生してはじめて発症します。基本的にぬり薬で治りますが、症状がきえても数か月はつづけないと完治しませんのでご注意を。

自転車で　車と競争　体あたり

経験は重要だが

ほんとうに子ども（とくに男の子）は〝こわいもの知らず〟です。息子が自転車で自動車と競争し、あげくのはて車に接触しケガをしました。とうぜん車にはキズがついたので、修理代を弁償しなければなりません。なんど注意しても、交通量の多い路上で自転車に乗ることをやめないのです。男児が女児よりも不慮の事故による死亡が多いのは、このこわいもの知らずが一因ですが、そもそも生まれつき恐怖心や危機意識をもっている子どもはいません。こわいもの、あぶないものを知らないのです。だから、親は子どもに、危険とはどういうことなのかを、きちんと教える必要があります。とくに男の子は、何事も経験しないと理解できないようなので、その点では、女の子の方が育てやすいのかもしれません。昔「腕白《わんぱく》でもいい、たくましく育ってほしい」というＣＭがありましたが、腕白《わんぱく》にはしばしば危険をともなうことを、認識しておく必要がありそうです。

海の色　いつしか絵の具は　エメラルド

自由な発想

子どもの感受性の豊かさは、おとなとはくらべものになりません。たとえば美しいものを見ても、おとなの感動は一瞬？ですが、子どもは一生その感動をわすれないでしょう。娘の場合、鮮緑の海を見てからというもの、絵を描くときの海の色は、エメラルドグリーンになりました。歌人若山牧水《わかやまぼくすい》の歌に「白鳥《しらとり》は哀《かな》しからずや空の青海のあをにも染まずただよふ」というのがありますが、たしかに空も海も青色だと思いこんでいるのは、おとなだけかもしれません。

ところで、子どもに描画の指導をするとき、題材の形や大きさや色を具体的に指定していませんか。おとなの物の見方をそのまま子どもにあてはめようとすると、かならずどこかでひずみが生じます。既成概念というものは、子どもの独創性を育てるさまたげになるだけです。大切なことは、いかに子どもの発想を尊重し発展させるかです。

肩馬の　子が賽《さい》なげて　初詣

にわか信者

元日はどこの神社も参拝者でいっぱいです。なかなか本殿までたどりつけず、賽銭箱にお金をいれ、大鈴をふりならし、拍手《かしわで》をうつことができません。そこで、不謹慎とは思いつつも、子どもを肩車（肩馬）し、賽銭《さいせん》をなげさせました。うまく箱にはいったかどうかさだかではありませんが、それで初詣はおしまいです。あとは子どもにせがまれ、これまた人でいっぱいの出店めぐりです。いか焼きにりんご飴《あめ》にわたがしに金魚すくいにヨーヨー釣りなど。そういえば、最近は輪なげや射的など、おとなも楽しめる店が少なくなったような気がします。

ところで、日ごろは信心しない人間が、どうして正月だけ参詣《さんけい》するのでしょう。日本人の祭り好きは有名ですし、「苦しいときの神頼み」ということわざもあります。クリスマスを祝うのもおなじですが、やはり外国人の目には奇異にうつるようです。

はく息の　白より白し　吾子《あこ》の肌

色白は母親ゆずり

吾子《あこ》というのは、自分の子どものことです。冬の寒い日にはく息の白さと、子どもの肌の白さを対比してみました。娘は生まれつき色白で華奢《きゃしゃ》なので、なかなか〝おてんば〟には見られません。お世辞にも美形とはいえず、利発そうにも見えないし……（ちょっと言いすぎかな）。「色の白いは七難隠す」といいますが、はたして色白ですべての欠点をごまかすことができるでしょうか。

ちなみに、俳人山口誓子《やまぐちせいし》の句「つきぬけて天上の紺曼珠沙華《まんじゅしゃげ》」は、大空の紺と彼岸花《ひがんばな》の赤の対比です。また、中村草田男《なかむらくさたお》の句「万緑《ばんりょく》の中や吾子《あこ》の歯生え初《そ》むる」は、幼児《おさなご》の歯の白と一面の木々の緑との対比です。前出の若山牧水《わかやまぼくすい》の歌「白鳥《しらとり》は哀《かな》しからずや空の青海のあをにも染まずただよふ」も、鳥の白と空や海の青との対比です。どの作品もスケールが大きいですね。

ほとばしる　おしっこ尿瓶《しびん》で　回収し

小便小僧

わが家にはストール型（男性用壁設置型）の便器がないので、まだ包茎の息子のおしっこはあちこちに飛散し、便器の脱臭ファンが故障したり、壁紙が変色したりと悲惨な状況でした。そこで、思いついたのが尿瓶《しびん》です。トイレに尿瓶《しびん》を常備し、おしっこをいったんその中にだしてから、便器にすてさせるようにしました。結果は大成功。いぜんにくらべると、掃除の労力は激減です。（最近は男性も洋式便器にすわって小便をする傾向にあるとか……）

ところで、「包茎」とは亀頭が包皮におおわれている状態ですが、成長するにつれてじょじょに露出してきます。だから、子どもの包茎は、あまり心配する必要はありません。ただし、包茎は仮性と真性に分類され、おとなになっても治らない真性包茎は、手術が必要になります。

肉は佐賀　魚は鯛と　教えこみ

食卓のこちら側

福岡に転居したときは、地元の食材の多さにおどろきました。銘柄肉や天然魚などもめずらしかったので、子どもたちには肉の代表は〝佐賀牛〟、魚の代表は〝鯛〟であると教えていました。しかし、その後、他の九州産の牛肉も、鯛以外の魚もまけずおとらずおいしいことが判明し、食生活において「所変われば品変わる」を実感したしだいです。

ところで、最近「食育」が話題になっていますが、みなさんは「食」についてふかく考えたことがありますか。食育は、妊娠したときからすでにはじまっているといわれます。わが家では、畑を借りて野菜をつくり、食物にかんする知識やこだわりをもち、食事時はできるだけ家族みんなで食卓をかこむようにしています。やはり子育てには「知育」「徳育」「体育」、それに「食育」のすべてが重要なんでしょうね。ちなみに、『食卓の向こう側』というブックレットが参考になります。

幼児《こども》にも　青春ありと　確信す

青春真最中

青春とは「若い時代、人生の春にたとえられる時期」のことで、一般的には10代後半から20代をさします。しかし、わが子を見ていると、それは第二の青春で、幼児期が第一の青春ではないかと思うようになりました。若いというより幼いのですが、元気で疲れをしらず、邪念がなくひたむきで、夢や希望にみちあふれ、好奇心旺盛で、生きていることが楽しくてしかたないといった感じです。人生における青春の意義を自覚できないだけで、親の目から見ると、まさしく青春を謳歌《おうか》している姿そのものです。

ところで、「青春」の語源をご存じですか。青春は陰陽五行（木、火、土、金、水）説に由来し、各々に対応する「方位」「色」「時」「神」があり、「木」は「東」「青」「春」「青竜」に対応します。「春」の色は「青」であることから「春」の異称が「青春」になり、それが人生の春にたとえられるようになったのです。（語源由来辞典）

教育学　聴くと行《や》るとじゃ　大ちがい

言うは易《やす》く行うは難《かた》し

「言うは易《やす》く行うは難《かた》し」という格言がありますが、教育や保育はその典型例ともいえるのではないでしょうか。わたしは大学の授業で教育学を履修しましたが、ルソーにはじまりペスタロッチからフレーベル、モンテッソーリ、シュタイナーにいたるまでさまざまな教育論があり、学生の耳には、講義は一種の哲学のようにしか聴こえませんでした。しかし、じっさい子どもをさずかり、いざ教育を実践する立場になると、教育学という学問の意義を再認識せざるをえません。子どもをコントロールするつもりは毛頭ありませんが、学んだことをいかそうとしても、思いどおりにならないことが多々あります。子どもは小さな哲学者であると前にのべましたが、容赦なく親にたいして無理難題をつきつけてきます。哲学だから難解だとは言いませんが、ときどき子どもとの会話が禅問答のように思えることがあります。でも、そうやって親はきたえられていくんでしょうね。

目覚ましは　ピカチュウ、プーさん　キティちゃん

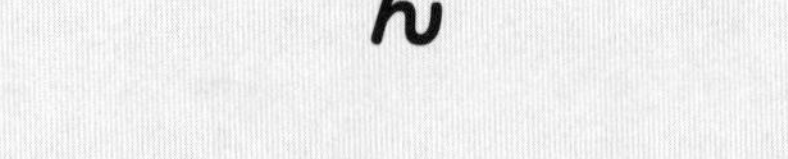

朝寝坊

みなさんは毎朝子どもを起こすのに苦労していませんか。わが家では、目ざめの悪い娘にいつも手をやいています。目覚まし時計をセットしますが、きまった時刻に起きたためしがありません。しかも、時計の数はひとつではないので、うるさいことこのうえなく、アラームの音（電子＋ベル）で起きるのは、娘ではなくわたしや妻です。じっさい地震や火事のときに、逃げおくれるのではないかと心配になるほどです。

ただし、子どもの場合、鼻やのどの異常が原因で熟睡できず、そのために目ざめが悪いことがあります。また、低体温症（なんらかの原因で起床時刻に体温が回復しない）や起立性調節障害（自律神経の不調で起立時の血圧調節ができず脳虚血などがおこる）や発達障害が原因のこともあります。いずれにしても、子どもの覚醒に問題があれば、いちど医師に相談した方がよいかもしれません。

虫かごに　チョウ、セミ、バッタ　コガネムシ

虫も生き物

子どもはときに残酷です。昆虫採集が楽しいのはわかりますが、小さなカゴにつかまえた虫を全部おしこみます。あまりにたくさんいれるので、虫は身動きがとれず、すぐに死んでしまいます。飼育ケースに水をいっぱいみたし、カブトムシを溺死させたこともあります。なにか実験でもしているつもりでしょうか。たしかに自分の子ども時代をふりかえってみると、生き物にたいして残酷なこともあったような気がしますが、男の子というのは、そうやって成長していくのかもしれません。

ところで、昆虫といえば、フランスの生物学者ファーブルの『昆虫記』が有名ですが、そのなかに、「スカラベ」（俗称「ふんころがし」）の子育てにかんしてのユニークな記録があります。たいていの昆虫は、卵を産むとやがて死んでしまいますが、スカラベはオスとメスがいっしょに子育てをします。まさに家庭における男女共同参画ですね。

片や歌詞　片やリズムで　歌わかる

絶対語感

幼児の歌は、ときとしておとなを悩ませます。まだ発する言葉や音楽が不明瞭なので、なにをうたっているのかわかりません。ただ、娘の場合、音程は不正確ですが、言葉をおぼえるのがはやかったため、歌詞でわかることがありました。また、息子の場合、言葉はつたないのですが、音程やリズムが正確だったため、それでわかることがありました。ということは、もしもふたりで同時にうたえば、確実になんの歌かがわかるのでしょうか。

ところで、「絶対音感」という言葉はよく耳にしますが、文学者の外山滋比古《とやましげひこ》は、「絶対語感」というものがあると言います。画一的ではないけれども、ひとりひとりの言葉の感覚が一定している、いわば個人的な文法、語法、アクセントのことです。これは乳幼児期に母親のかたりかけによって形成されるため、母親の言葉は、子どもの心を育むのに非常に重要であると力説しています。

「ただいま」に　かけよる笑顔　「おみやげは？」

甘み好き

どこかの子育て川柳に「ただいまでかけよる笑顔膝辺り」というのがありましたが、わが家はそんなほほえましい状況ではなく、もっと現実的です。いままで出張時以外買って帰ったことはないはずなのに、最近は毎日のようにおみやげを要求します。ほしい物は、どうやらお菓子のようです。わが家には、お菓子やジュースを買いおきする習慣がないので、友人宅にあるのをうらやましがっているのは知っていました。しかし、やはりおやつ類は、どうしてもほしいときに、お小遣いで買うように言い聞かせています。

ところで、女性が甘い物好きなのはなぜでしょう。甘い物から摂取した余分な糖分は、おもに脂肪としてたくわえられます。したがって、女性の場合、身体《からだ》をふくよかにすることによって外界からの物理的衝撃を吸収し、体内を保温、エネルギーを貯蔵するという妊娠にたいする本能から生じる嗜好《しこう》と考えるのが、妥当なようです。ほんとうかな？

「泣き虫」と　いう虫いつまで　飼うつもり

泣き虫

女の子と男の子、どちらが泣き虫でしょうか。わが家では、娘よりも息子の方が泣き虫です。日本絵本賞を受賞した『ないた』（これも主人公は男の子）ではありませんが、ころんで泣き、けんかして泣き、叱られて泣き、くやしくて泣き、さびしくて泣き、こわくて泣き、はらがたって泣きと涙の大安売りです。「涙は心の汗」といいますが、子どもの場合、おとなとはちがい多情多感がゆえの反応なので、いちがいに泣き虫はよくないときめつけることはできないようです。かの坂本龍馬《さかもとりょうま》も幼少時は泣き虫でしたが、亡母にかわり姉がきびしくしつけた結果、立派な志士になりました。「めそめそするのは男らしくない」という表現は、いまとなっては時代おくれでしょうが、どうしておとなになると泣かなくなるのでしょう。いや、石川啄木《いしかわたくぼく》は泣き虫がゆえに多くのすぐれた作品をのこした歌人でしたね。

するのなら　晴れの日にせよ　寝小便

夜尿症

また妻の小言が聞こえてきます。なかなか治らない息子のおねしょ。布団を干せるような天気のよい日ならまだしも、雨の日など小言は倍増です。わたしとしては、「まあ、そのうちに治るだろう」とのんきに静観していますが、洗濯物がふえる妻にとっては、そうもいかないようです。

ところで、5歳をすぎても月に1回以上が3か月つづく〝おねしょ〟を「夜尿症」といいます。通常自然に軽快しますが、治らないまま放置すると、精神面に悪影響をおよぼすこともあり、ときには治療が必要になります。生活指導や認知行動療法で改善しない場合、薬物療法もおこなわれます。親はすぐに叱ってしまいますが、叱るのは逆効果で、「焦らない、怒らない」が原則です。布団を干すのも、シーツを洗うのもたいへんでしょうが、病的でないおねしょは、大目にみるのが賢明なようです。

一年生　黄色はいやだと　駄々をこね

黄色は注意！

小学一年生になると、交通安全用として、黄色い帽子とランドセルカバーが配布されます。これには、運転免許証の交付時、交通安全協会に寄付したお金も利用されています。この貴重な帽子とカバーを、最初はなにも言わず身につけていた息子が、ある日とつぜん黄色はいやだと言いだしました。けっきょく理由はわかりませんでしたが、やはり黄色が嫌いな子どももいるでしょうね。いくら安全重視だからといっても、無理やりいやな物を身につけさせるのは、精神的苦痛をあたえるだけなのかもしれません。じっさい黄色をもちいた方が、事故の発生率はさがるのでしょうが、何事も画一化には一長一短がありそうです。そういう意味では、黒と赤の二色しかなかったランドセル本体が、最近カラフルになったのはよいことだと思います。

ちなみに、信号の黄色は「止まれ」ですのでおまちがいなく！

ぶしつけな　息子がペットの　しつけする

言葉の通じない弟

　とうとうわが家も犬を飼うことになりました。小型のオス犬ですが、しつけははじめが肝腎。そこで、いちばん年齢が近く、また、弟をほしがっていたということで、しつけは息子が担当することに（そんな理由でいいのかな?）。しかし、よく考えてみると、いましつけが身についているとは言いがたい、そんな息子にできるのか、非常に不安です。ただ、そうすることで、しつけの意義をすこしでも理解してくれるのではないかと、少々期待しているのですが……。

　ところで、「しつけ」を漢字でかくと「躾」ですが、これは国字といい、漢字に似せて日本でつくった文字です。まさにしつけが身を美しくかざるという意味です。語源は習慣性の意の仏教用語「じっけ（習気）」が「しつけ」に変化し、それがつくりつける意の動詞「しつける」の連用形の名詞と混合されて一般化したようです。（語源由来辞典）

知識より　生活の知恵　教えたい

知識だけでは役たたず

知識は学校や塾でえることができますが、生活の知恵はそこでは教えてくれません。自分で身につけるしかないのです。いくら知識が豊富でも、それを活用できる知恵がないと、〝宝の持ち腐れ〟になってしまいます。極端な言い方をすれば、知識がとぼしくても、知恵さえあれば生きていけるのではないでしょうか。学歴社会が崩壊しつつある世の中、これから必要とされるのは生きる力です。いままでの知識偏重主義の教育から方向転換して、「ゆとり教育」なるものが採用され、学習内容がへり、自主学習というあらたな項目が加わりました。学力の低下が懸念されましたが、ある程度の知識の減少はやむをえず、そのかわり、学習した知識をいかせる総合力が身につくという教育です。

しかし、われわれおとなも油断してはいられません。終身雇用や年功序列制度がすたれたいま、生涯学習として、子どもと机をならべる日もそう遠くはないような気がします。

ピーマンが　嫌いなわけを　解説し

ピーマンはおとな用？

子どもの嫌いな野菜の代表といえばピーマンですが、わが家の子どもたちも例外ではありません。とくに息子は嫌いな物が多いようです。とまと、なす、しいたけ、ブロッコリーなど。しかし、これらは味よりも食感に原因があると言います。ゴーヤーやセロリなどは独特の味がするるので、苦手なのはわかりますが、どうやら子どもの食べ物の好き嫌いは、味だけに原因があるのではなさそうです。そこで、息子は『なぜ、子どもはピーマンが嫌いなのか？』（子どもはピーマンを食べる必要がないとかかれている）という本をもちだしてきて、ピーマンが嫌いな理由を、わが意をえたりと解説するのです。

ちなみに、友だちといっしょに食べたり、自分で料理をしたりすることで、嫌いな野菜を食べられるようになることがあります。また、じっさいに野菜を栽培したり、収穫したりすることも効果があるようです。

親も子に　やればできると　励まされ

楽天家

親が子どもに「やればできる」と励ますことはあるでしょうが、はんたいに親が子どもに励まされたことはありませんか。あるとき妻に仕事の愚痴をこぼしていると、それをそばで聞いていた子どもに励まされ、すくわれたことがあります。わたしはどちらかというと、楽天的な性格ではないのですが、わが家の子どもたちは妻に似て楽天家なので、なにかよくない出来事があっても、一家で落ちこんでくらくなるということがありません。その点では、楽天的というのはうらやましい長所だと思います。

ところで、自称楽天家の精神科医斎藤《さいとう》茂太《しげた》は、子どもが思春期になり悩み事ができたときに、親は励ます言葉をまえもって準備していなければならないと言います。ただし、「頑張れ」という励ましは、ときに子どもを追いつめてしまうことがあるので注意が必要です。また、励ますのは、子どもの話を充分聴いてからにしましょう。

母さんに　パソコン教えて　お小遣い

小遣いかせぎ

子どもは何事も習得がはやいので、パソコンも最初にすこし操作を教えただけで、すぐにつかいこなせるようになります。それにひきかえ、妻はいつまでたっても操作できず、教室にかようのも面倒らしく、教材を購入し独学していますが、なかなか進歩しません。そこで、教え方がやさしくない夫?にかわって、子どもが手とり足とり指導をします。もちろんタダではありません。ここはお小遣いをかせぐチャンスです。しかし、とうぜん子どもも指導者としては未熟なわけで、きちんと妻が納得できるまで教えることはむずかしいようです。

ちなみに、女性は機械に弱いといわれますが、最近の携帯電話のあつかい方などを見ていると、けっしてそんなことはないような気がします。というか、基本的に取扱説明書をよむ習慣がないようにも見うけられますが……。

長トイレ　父は新聞　娘《こ》はマンガ

憩いの場

わが家はなぜかみんなトイレが好きなようで、いちど入るとなかなか出ません。わたしは新聞をよみ、妻は本や雑誌をよみ、娘は漫画をよみ、息子はうたいます。いままでトイレは、たんに〝用をたすだけの場所〟という認識しかありませんでしたが、いがいにトイレですごす時間は貴重なのかもしれません。

ところで、最近は洋式トイレが普及していますが、昔和式が一般的だったころ、日本人の2人に1人には痔疾《じしつ》があるといわれていました。痔核（いぼ痔）や裂肛（切れ痔）は、おもに便秘が原因ですが（痔核は妊娠や下痢が原因のこともある）、そもそもしゃがんで息む姿勢がよくありません。だから、いまも和式トイレのご家庭は、できれば洋式に変更することをおすすめします。さらに洗浄機能付きにすると、痔ろう（穴痔）の予防にもなります。ただし、洗いすぎにはご注意を！

一日の　疲れを癒やす　娘《こ》のお酌

晩酌

わたしは若いころから日本酒が好きで、いまでもよく晩酌をします。仕事から疲れて帰ってくる。入浴の前に夕食ですが、そのとき娘にお酌をしてもらいます。これほどの贅沢《ぜいたく》?はありません。最初は慣れない手つきですが、しだいにうまくなります。そういえば、妻にお酌をしてもらった記憶はないなあ……。

ところで、酒は〝百薬の長〟といいますが、とうぜん適量をこえれば害になります。厚生労働省が「節度ある適度な飲酒」としてさだめる量は、1日あたり日本酒で1合、ビールで中瓶1本、ウイスキーでシングル2杯、ワインでグラス2杯までとなっています。ただし、毎日の飲酒はさけましょう。

「日本酒はいつの時代もマイブーム」

「酒一合一合ゆえの心地よさ」

留学生　子どもに言葉の　壁はなし

つなげます、世界の夢を

「アジア太平洋諸国・地域の子どもたちに対して、交流促進への支援などに関する事業を行い、彼らが国や地域の文化について考察し、言葉や政治・宗教の違いをこえて友情を育み、相互理解を深め、平和を願う豊かな国際感覚あふれる青少年の育成に寄与する。また、これらの活動を行うことで、世界の平和と共生を実現させることを目的とする」特定非営利活動法人『アジア太平洋こども会議』という団体が福岡にあります。娘も小学生のときに山村留学した経験がありますが、今回はわが家がホストファミリーとなり、外国の少女（〝こども大使〟という）を迎えいれました。しかし、彼女は英語を話せるのですが、われわれは片言なので辞書とくびっぴきです。最初は会話を成立させることにこだわって、どことなくぎくしゃくした感じでしたが、そのうち子どもどうしは理解しあえるようになりました。親は最後までダメでしたが……。

木枯らしや　まるで貸し切り　遊園地

子どもは風の子

冬の遊園地に行きました。その日は前日まで悪天候で、当日もあいにくの雨模様。しかも木枯らしがピューピューふきすさぶ寒空。あまりの寒さに、親は園内のレストランで待機です。ところが、子どもたちは水をえた魚のように大はしゃぎ。雨が降れば乗り物もとまるのでしょうが、強風のためにとまるのはごく一部。まわりを見わたしても、ほとんど人がいません。どれも待ち時間なしで乗り放題です。

ところで、「子どもは風の子」といいますが、じっさい子どもは寒さに強いのかというと、医学的にはそうとはかぎりません。子どもはおとなにくらべ体重あたりの体表面積が大きいため、寒冷にさらされると、容易に体温がさがります。ただ、熱産生能力が発達しているので、回復もはやいといえます。屋外で元気に遊んでほしいという親の願いが、子どもを風の子にしたのかもしれませんね。

くしゃみして　見つかる冬の　かくれんぼ

単純な遊び

最近は「かくれんぼ」をするような子どもたちも見かけなくなりましたが、わたしの子ども時代は、「鬼ごっこ」や「缶けり」などの単純な遊びしかありませんでした。そして、おなじことをして遊ぶにもかかわらず、さまざまな年齢の子どもが寄り集まっていました。そんな環境のもとで、年長者が年少者をいたわることをおぼえたものです。ときどきけんかもありましたが、大事にいたるようなことはなく、地域のなかで子ども社会がきちんと機能していました。

ところで、「くしゃみ」をとめる方法をご存じですか。静かな場所でくしゃみをすると目だちますよね。どうしても我慢できないときは、鼻をつまんで左右にすばやく動かしてみてください。たいていこれでとまります。なお、まれに強いくしゃみが原因で、ぎっくり腰や肋骨骨折や失神を発症することがあるのでご注意を。

携帯は　百害あって　一利のみ

文明の利器

いまや携帯電話は日常生活における必需品になりましたが、はたして子どもにとって携帯電話は必要でしょうか。もともと電話というのは、遠隔地にいる相手に急用があるときに使用される機器でした（急がないときは手紙）。最初は企業で採用され、１９７０年代以降一般家庭にも普及しました。それが１９９０年代に携帯電話が登場してからというもの、国民のひとりに1台という時代が到来しました。たしかに携帯という利便性を考えれば、いつどこでも利用できることは理にかなっていますが、子どもが使用する理由はどこにも見あたりません。子どもの所在が気になる親は、ＧＰＳ（衛星を利用して地球上の現在位置を検索するシステム）の利用目的で携帯させるのかもしれませんが、いまいちど、子どもに電話をもたせる意義を考えなおす必要があると思います。ただ、公衆電話がへりつつあるのは事実ですが……。

カーネーション　売れのこりでも　おなじ花

気もちが大切

母の日のカーネーション。息子が当日の朝買いにでかけましたが、気にいった花は予算がたりなかったようで、手ぶらで帰ってきました。どうするのかと心配していましたが、彼は夕方ふたたび花屋をおとずれ、運よく売れのこって値さがりしたくだんの花を買ってきたのです。とうぜん妻にとっては値段など関係ないので、花をもらって喜んでいたのはいうまでもありません。

ところで、母の日にカーネーションを贈る風習は、アメリカの教会学校の女性教師が、母親の追悼会を機に「母の日」を祝ったのがはじまりで、彼女が集まった生徒とその母親全員に手わたした赤いカーネーションが、そのシンボルになりました。

ちなみに、「こどもの日」は、「こどもの人格を重んじ、こどもの幸福をはかるとともに、母に感謝する」と法律にあり、母の日とも解釈できるような定義になっています。

無利息で　借りる子どもの　お年玉

子ども銀行

毎年子どもがもらったお年玉は、親が管理することにしていますが、2人分だとけっこうな金額になります。そこで、ありがたいのは、急にまとまったお金が必要になったときに、それを寸借できることです。内緒でいつでもつかうことができ、しかも利子はいりません。ただ、子どもに残金を問われたときに、少々あわてますが……。

ところで、いまどきの子どもがもらうお年玉の総額をご存じですか。ある銀行の調査によると、小学生の平均は約2万5千円だそうです。もしこれを6年間つかわずにためたとすれば、15万円にもなります。やはりお年玉は親（本来は金融機関？）があずかった方がよさそうです。

ちなみに、「年玉」の語源にはいろいろな説がありますが、基本的には年神への供物《くもつ》（鏡餅など）のおさがりに由来し、もともとは金銭ではなく品物のことでした。

ボールける　子より親が　熱くなり

血がさわぐ

ときどきキャッチボールはしていました。それが『イナズマイレブン』の影響で、息子もやっとスポーツに目ざめました。まさかゲームがきっかけになるとは思いませんでしたが、地元のジュニアサッカーチームにはいり、週3日の練習と休日の試合に参加しています。しかし、うわさには聞いていましたが、ふだんの練習や試合のときの雑用、遠征時の送迎、親睦会の企画など、親がしなければならないことがたくさんあります。時間的、精神的、体力的余裕がないと、親の方がつづかないかもしれません。

ところで、わたしもときどき試合の応援に行きますが、親の声援に圧倒されてしまいます。とくにお母さんたちの熱血ぶりには、お父さんもかないません。興奮している妻の姿もはじめて見ました。他のスポーツ観戦とは、ひと味もふた味もちがいます。でも、子どもたちはそんな親の応援があればこそ、がんばれるんでしょうね。

ランドセル　大きくなって　脱ゆとり

ゆとり教育

ゆとり世代が社会人になり、いろいろと問題が生じているようです。わが家の場合、娘はいわゆるゆとり世代、息子は半分ゆとり世代。これから「ゆとり教育」がどう影響するのかわかりませんが、個人的には、ゆとり教育がよくないとは思いません。知識ばかりに重きを置いていた教育が見なおされ、個性や経験を重視した教育をめざしたものでした。しかし、大学生の学力が低下したとの理由で、文部科学省はこれまでの要領をあらため、脱ゆとり教育へと舵《かじ》をきりなおしたのです。

ところで、先日、あたらしいランドセルが、これまでよりも大きくなることが紹介されていました。なんと、学習内容がふえたために、教科書が大きくなるからだそうです。子どもが気の毒でしかたありませんが、いずれにしても、脱ゆとりが社会にあらたな影響をおよぼすことはまちがいないでしょう。

笑い声　届けられるなら　届けたい

笑顔の必要性

わが家の子どもたちは陽気で剽軽《ひょうきん》なため、家族中笑い声がたえません。虐待のニュースを見るたびに、笑いのない家庭に育った子どもの不便《ふびん》さにいたたまれなくなります。子育てに笑顔が欠かせないことは、誰もが知っています。全国の笑い声を、すこしでも笑顔のない家庭に届けることができたなら、どんなに素晴らしいことでしょう。

特定非営利活動法人『SOS子どもの村JAPAN』（福岡）は、〝すべての子どもに愛ある家庭を〟をスローガンに、「すべての子どもが家族の一員として愛され、尊重され、安全な環境で成長することをめざし、家族と暮らせない子どもたちをかわりとなる家庭に迎えいれ、子どもたちがみずからの未来をかたちづくることを支援し、地域社会の発展に貢献する」という使命のもとに活動しています。一日もはやく、村の子どもたちにも、笑いのたえない家族ができることを願ってやみません。

問題児　問題なのは　親の方

問題の原因

これは、子どもが大きくなってから気づいたことです。息子がまだ幼いころ、幼稚園で問題児になりかけたことがありました。たしかにいま思えば、非常識なことをしていたようですが、当時はそれほど気にもかけませんでした。娘は第一子で、かつわたしの親にとっては初孫だったため、結果として過保護に育てたことになりました。しかし、息子は第二子であったため、もしかすると、手ぬきの子育てになっていたのかもしれません。いわゆる親の愛情不足が、子どもの問題行動となってあらわれたのでしょう。「問題児」とは、「性格や行動が通常と異なる点が多く、教育上特別な配慮と指導を必要とする児童を大人の側からいう語」と辞書にはあります。〝通常〟の定義がむずかしいですが、おとなの立場から見た表現というのが的を射ていると思います。したがって、立場をかえてみると、問題の原因は子どもではなく、親の側にある可能性も充分にあるのです。

わが家では　母父娘　犬息子

亭主関白はもう古い

さて、これはいったいなんの序列でしょう。年齢順ではありません。正解は、わが家でのペットをふくめた力関係の順位です。犬がまだ小さかったころは、とうぜん息子の方が力は上でしたが、体重が10kgをこえたいま、犬は自分の方が強いと思っているようです。息子にいたずらされると、本気で抵抗しむかっていきます。

ところで、父親と母親の力関係が子どもにあたえる影響ですが、わたしが大学でうけた教育学の授業では、「父親の力が母親と同等もしくはやや優位な方が子どもの成長にとっては好ましい」とならいました。いまはどうでしょうか。たとえば地元の雑誌編集長の天野周一《あまのしゅういち》は、『全国亭主関白協会』というユニークな機関を立ちあげました。「夫が上手《じょうず》に妻の尻にしかれることにより家庭円満がたもたれる」というのが理念です。もしかすると、そういう家庭の方が子どもにとっては居心地がいいのかもしれませんね。

子育てに　おなじ日はなし　12年

「日に新た」

娘もとうとう小学校を卒業です。生まれてから今日まで、怒涛《どとう》のような毎日でしたが（とくに妻にとっては）、今後もまだまだつづくことでしょう。あらたな発見や問題など、将来この刺激がなくなるとは想像もできません。子育てをしていると、毎日が変化の連続です。子どもが複数の場合、それだけ変化の量もふえます。子どもが成長するにつれてかわるのはあたりまえですが、親もそれにともないかわるというか、かわらざるをえなくなります。親も子どもとともに成長するといいますが、わたしも妻もほんとうに成長しているのでしょうか。はなはだ疑問です。

ちなみに、中国の故事に「苟《まこと》に日に新たに、日日に新たにして、又日に新たなり（一日かけて進歩し、一日一日進歩し、また一日かけて進歩する）」というのがありますが、まさしく子育てにぴったりですね。

子が育ち　はじめてわが身の　年齢《とし》をしる

気づけば中年

親なら誰もが実感するのではないでしょうか。「親はなくとも子は育つ」といいますが、子どものしつけや教育に親がどこまで関与すればいいのかは、永遠のテーマだと思います。過保護はさけたいけれど、放任する自信もない。そうこう悩んでいるあいだに時はながれ、気がつけばすでに子どもは成長してしまっている。そこで、自分も年をとったなと実感させられる。しかし、いくつになっても親を卒業することはできず、親は死ぬまで親なんですよね。あたりまえか……。

ところで、最近は熟年離婚がふえているようですが、話をきりだすのはきまって妻の方からだそうです。「男やもめに蛆《うじ》がわき、女やもめに花が咲く」というように、男はひとりになってもいいことはなさそうなので、世の中のお父さん！ くれぐれも離婚されないよう、おたがい気をつけましょう！

子が巣立ち　わが家がすこし　ひろく見え

存在感

娘が巣立ってはやひと月。いざ3人家族になると、せまいわが家もどことなくひろく感じるものです。にぎやかさがへったのと同時に、なにかいつもあるものがないという空虚感がただよいます。いまはウェブカメラなど通信機器が発達しているので、いつでも顔を見ながら会話できますが、やはり存在感は希薄です。将来Uターンするのか、世界に羽ばたくのかわかりませんが、今後息子も巣立つことを考えれば、いまから夫婦ふたりきりになる覚悟は、しておかなければならないのでしょうね。

ちなみに、この「空の巣症候群」（子どもが自立したあとの虚無感や喪失感による精神が不安定な状態）を克服するには、なにか没頭できるものがあればいいようですが、趣味や友人が少ないとむずかしそうです。ボランティアや町内会の役員でもやる気になればいいのですが……。

開花待つ　ごとく子どもを　待つ心

待ちの子育て

いままでいろんな川柳を詠んできました。しかし、どの句にも共通している精神があります。理想とする精神があります。それは、いつどんなときでも、〝おおらかな気もち〟で子どもを見つめるというものです。かのモンテッソーリは、子どもとむかいあうのではなく、子どもの後ろに立つことをすすめています。子どもの前に立ち、はやくこちらへおいでと誘うのではなく、子どもがひとりで前にすすむのを、ころばないように後ろでそっとささえてやる。子どもを信じて見まもるという態度です。「待ちの子育て」とは、まさにこのことをいうのでしょう。児童精神科医の佐々木正美《ささきまさみ》も、〝待つ喜び〟を子育ての喜びの中心に置くよう提言します。未熟な親であるわたしや妻は、しばしばしつけと称して子どもにきびしく接し、ついついおおらかな心もちをわすれてしまいます。臨床心理学者の長谷川博一《はせがわひろかず》は、「しつけ」というものは百害あって一利なしと断言します。いまの子どもたちがキレるのは、きびしく育てられないからではなく、逆にきびしくされすぎるために萎縮してしまい、それがかえってとつぜん爆発する原因になるのだと言うのです。

子育てにとってなにがよいのか、どう子育てすればよいのか、いつまでたってもわたしにはわかりません。ただ、言えるとすれば、子どもは親の背中を見て育つ、親も子どもとともに成長し成長させられる、その親自身の生きかたが重要なのではないでしょうか。

あとがき

父親が詠んだ子育て川柳、いかがでしたか。母親とは異なった視点で育児というものを観察してみました。現在育児中の方にも、すでに育児が終わった方にも、共感していただける部分が多かったのではないでしょうか。俗っぽい表現や拙《つたな》い文章が多く、川柳集として文学的評価に値するようなものではありませんが、誰にでも作れそうな作品ばかりで、親しみを覚えていただけたと思います。また、解説を加えることによって、作品の背景がわかりやすいように工夫したつもりです。

本書を通して、今まさに育児問題を抱えているお母さんやお父さんには、子育ての楽しさを再認識していただき、また、今はまだ子どもがいないご夫婦には、いかに子育てが楽しいかを知っていただければ幸いです。

参考図書

「頭のよい子はことばで育つ」外山滋比古（ＰＨＰ研究所）※
「アドラー博士の子育てバイブル」星一郎（ごま書房新社）
「いいとこ探しののびのび子育て」高柳滋治（合同出版）
「医学大辞典」（南山堂）
「1分間ママ」「1分間パパ」スペンサー・ジョンソン／小林薫訳（ダイヤモンド社）※
「絵に映された心のＳＯＳ」名張淑子（同朋舎）
「お母さんはしつけをしないで」長谷川博一（草思社）
「親業」トマス・ゴードン／近藤千恵訳（大和書房）※
「けんかを忘れた子どもたち」平井信義（ＰＨＰ研究所）
「子どもが育つ条件」柏木惠子（岩波書店）
「子どもという巨人」灰谷健次郎（労働旬報社）※
「子どもという哲学者」ピエーロ・フェルッチ／泉典子訳（草思社）※
「子どもの能力を伸ばす親・ダメにする親」斎藤茂太（ＰＨＰ研究所）

「しつけの知恵」多湖輝（ＰＨＰ研究所）
「シュタイナー教育入門」子安美知子他（学研）
「食卓の向こう側」西日本新聞社〈食くらし〉取材班（西日本新聞社）※
「ないた」中川ひろたか／長新太（金の星社）
「なぜ、子どもはピーマンが嫌いなのか？」幕内秀夫（西日本新聞社）
「ふるさと詩集」〈日本の詩〉刊行会編（日本図書センター）
「星の王子さま」サン・テグジュペリ／内藤濯訳（岩波書店）
「魔法のしつけ」長谷川博一（ＰＨＰ研究所）※
「名歌名句辞典」佐佐木幸綱、復本一郎編（三省堂）
「茂太先生の子育て塾」斎藤茂太（同朋舎）※
「モンテッソーリの教育」マリア・モンテッソーリ／林信二郎、石井仁訳（あすなろ書房）
「やすらぎ子育てアドバイス」佐々木正美（三笠書房）※
「夢占い事典」武藤安隆（日本文芸社）

※著者推薦図書

著者プロフィール

岡 宏 (おか ひろし)

1962年大阪生まれ、福岡在住

家族：妻ひとり(もと幼稚園教諭)

子ふたり(一女一男)、犬ひとり(もと男)

職業：医師

趣味：クラシック音楽鑑賞、日本酒

特技：少林寺拳法、義太夫

関心事：教育学、心理学

好きな作家：灰谷健次郎

好きな俳人：石田波郷

座右の銘：立志尚特異 (吉田松陰)

ゆうゆうパパの子育て川柳

2023年12月25日　第1刷発行

著者　岡 宏《おか ひろし》

発行者　太田宏司郎

発行所　株式会社パレード

大阪本社　〒530-0021　大阪府大阪市北区浮田1-1-8

TEL 06-6485-0766　FAX 06-6485-0767

東京支社　〒151-0051　東京都渋谷区千駄ヶ谷2-10-7

TEL 03-5413-3285　FAX 03-5413-3286

https://books.parade.co.jp

発売元　株式会社星雲社（共同出版社・流通責任出版社）

〒112-0005　東京都文京区水道1-3-30

TEL 03-3868-3275　FAX 03-3868-6588

装幀・イラスト　須佐画工堂

印刷所　創栄図書印刷株式会社

ISBN 978-4-434-32983-8 C0037